AF438053

Paola Fossati

GIROTONDO DI PAROLE

EDIZIONI WE

ISBN 979-12-5497-212-0

www.clickpertutti.com
www.edizioniwe.com
www.facebook.com/edizioniwe
www.instagram.com/edizioniwe
info@edizioniwe.com

Scrivere poesie in un mondo sempre più tecnologico sembra anacronistico.

Il poeta mette a nudo se stesso, descrive i suoi sentimenti e si svela.

In una società dove spesso si indossa una maschera, dove "apparire" conta più di "essere", rivelare chi siamo può fare paura.

Le emozioni e i sentimenti però sono universali, fanno parte dell'essere uomini.

Continuiamo quindi a mettere in fila le parole, a condividere le sensazioni e a cristallizzare l'attimo nell'eterno.

Paola Fossati

GIROTONDO DI PAROLE

A tutte le persone che mi leggeranno,
nella speranza di regalare loro emozioni

Poesia

Poesia,
surrogato dell'eterno
di te,
mi sfamo avidamente.
Pioggia d'oro
sui miei giorni dolenti,
incanti l'anima
con le tua parole
in girotondo.
Poesia,
vorrei perdermi
tra i tuoi versi,
dimentica
del mio corpo mortale.

Onda

Vorrei essere
come l'onda
che arriva
da lontano
e si affretta
verso la spiaggia
per dissetarla
e poi dissolversi
in una carezza
di bianca schiuma.

A mia Madre

Il luogo dove sorgeva
la tua casa
è sempre uguale,
stesse le mura,
uguali le finestre.
I ricordi si spalmano
sugli intonaci
soltanto tu manchi,
madre amata,
e la tua assenza
riempie lo spazio
del mio cuore.

A Papà

Nella notte di San Lorenzo
hai iniziato il tuo viaggio
verso la casa dell'infinito.
Mi hai lasciato così,
senza preavviso,
accendendo
una nuova stella
in cielo
e precipitando
il mio cuore
nell'oscurità,
qui sulla terra.

Figli amati

Figli amati,
quando non ci sarò più
su questa terra,
non sarò mai veramente lontana.
Sarò nell'oro del tramonto,
sarò nel brillio delle stelle,
sarò nel ricordo che scivola
tra i pensieri.
Figli miei,
nonostante gli anni
che contate
io sarò ancora con voi
nell'amore che vi ho dato
e che mai sarà perso.

Sorella

Sorella,
insegnami la perseveranza
io sono un'onda
che va e viene.
Sorella,
insegnami la calma
io sono vento
che non ha pace.
Sorella,
insegnami la via
per il domani.
Io sono una gatta,
appisolata nella penombra
della stanza.
Sorella,
così diversa
e così necessaria,
insegnami che vivere
è non dimenticare.

Puledro

In perenne lotta
con me stessa,
combattuta
tra il bisogno di protezione
e la voglia di libertà,
sono come un puledro
che una notte sogna
una libera prateria
di erbe danzanti
e l'altra
il tepore della stalla.
Adulta - bambina
cammino nella vita
con scarpe delicate,
sempre pronte
a lacerarsi
sugli aguzzi sassi
della strada.

Come il mugnaio

Macina il tempo
le stagioni
come il mugnaio
il grano.
Sbiadiscono
i visi
nella mente
come acquarello
sotto la pioggia.
Il mio passaggio
nel mondo
sarà un lampo
di luce
nella notte.

Primavera

Stagione
che non sia
soltanto sogno,
che venga davvero
la primavera desiderata,
con girotondi di margherite
e nuvole di lana.
Primavera generosa
vestirai i rami
e canterai lieta
lode di passeri.
Primavera profumata
che tu sia la fanciulla
da stringere
in un abbraccio.

Pioggia d'autunno

Foglie gialle e pioggia.
I colori dell'autunno
mi trafiggono
il cuore.
Dalle nuvole scendono
gocce che lavano
gli errori.
Le pozzanghere
sono invito tentatore
per i piedi scanzonati
dei bambini.
Non c'è tristezza
nei pensieri,
tutto è grazia,
anche il grigiore
diventa luce
guardandolo
con occhi buoni.

L'inno della vita

Mille primavere
cantano nel cuore
l'inno della vita
e fili d'erba spuntano
tra le dita.
Felicità d'esistere,
piccolo animo stupito
nel vortice dell'universo.
Solcano cieli lontani
le nuvole della malinconia,
assaporo il presente sereno
come fanciullo goloso,
dimentico di ogni male.

Battito d'ali

Stamani
alzo gli occhi
al cielo
e riempio d'azzurro
i pensieri,
che si fanno puri
come lo sguardo
di un bambino.
Si scioglie il dolore
come nodo di lana
al pettine del cardatore
e la vita diventa lieve,
come un battito d'ali.

Senza perla

Nessuno bussa
alla porta,
soltanto mio
è il tempo,
sempre uguale,
da riempire,
e silenzioso.
Vivo con me stessa,
converso
con i ricordi.
Mi sento inutile
come conchiglia vuota,
e senza perla.

Sole dentro

Nata nel solstizio d'inverno
ho cercato il sole
in ogni cosa.
Ho sempre lottato
con le tenebre
che cercavano
di oscurare la luce,
spesso restandone
sconfitta.
Adesso,
con il tempo abbreviato,
so che ognuno
ha un sole
dentro di sè,
fatto d'amore.

La canzone perduta

Stanotte, nel buio,
mentre oggi
si confonde
con ieri,
io ritrovo il suono
della canzone perduta,
quella che tu cantavi
mentre mi accarezzavi
i capelli.
Come per incanto
si ferma il tempo
e l'amore
è ancora qui,
a illudermi
sul "per sempre"
e a farmi male.

Ti guardo dormire

Il buio si arriccia
ai bordi della notte
mentre a est
si leva un tenue chiarore,
che piano aggredisce
il buio.
Ti guardo dormire,
sereno, arreso ai sogni,
e penso che tutto il mondo
è qui, in questa piccola stanza.

Anima amata

Anima amata,
ti incontrerò ancora,
supererò tempo e spazio.
Sarò madre, padre,
figlio, fratello, amante.
So che mi aspetterai
e che ti rivedrò.
Ci ricosceremo
con un gesto,
con uno sguardo,
torneremo insieme
come nelle precedenti vite.
L'amore ha molta pazienza.
La morte è soltanto
un passaggio.

Un istante di cura

In un mondo malato,
violento e arrogante,
la delicata grazia
di un piccolo fiore,
la titubante gentilezza
di un gesto amico,
possono essere l'inizio
del riscatto della tenerezza
sulla prepotenza.
In fondo basta poco:
un istante di cura.

Migranti

Liquido sepolcro
è il mare,
utero celeste
che accoglie silenzioso
chi ha miraggi
di futuro
e fugge nudo
dalla disperazione.
Sogni irrealizzati
vagano tra le onde,
e a riva, dimenticata,
una camicia lacera
si confonde
con la schiuma.

Fiori sopra le tombe

Nonostante la guerra,
le bombe, la distruzione,
vincerà la vita.
La sua energia palpitante
si farà largo
tra le macerie,
come il filo d'erba
che spunta testardo e tenace
tra l'asfalto.
Vincerà la vita
e la morte
sarà sconfitta:
fiori sopra le tombe.

Domanda

La mente chiede
dove abita Dio?
In cielo,
nel tempio,
nel mondo?
Dio,
creatore di tutto,
è ovunque,
che abbia dimora
anche nel mio cuore.

Sera

L'ultima carezza dorata
alle morbide colline
e il giorno abbandona
ogni gioco.
Sospira lieve il lago.
Brevi fruscii tra le canne.
Con passi di bambino
viene la sera,
e nasconde le cose
nel suo abbraccio
di buio.

Deserto

Rapita dall'incanto
del deserto
l'anima sboccia
come fiore rivelando
la sua essenza,
nutrendosi d'infinito.
Il silenzio ne è la voce
e il vento che soffia
tra le rocce
ha gli echi della storia.
Lo spazio ha il sapore
dell'eterno
e il tempo è soltanto
un'invenzione
degli uomini.

Cap Spartel, Tangeri

La mano del vento
è carezza d'amante
sulle alte messi,
ancora giovani e verdi.
Terso cielo d'Africa,
luce risplendente e pura.
Lontano il fascino blu
del vasto mare.
Corre l'auto
sul promontorio,
la mia gioventù
e i tuoi occhi.
Vive ancora oggi
l'attimo felice,
iridescente come allora,
pietra preziosa
tra giorni
di ruvida roccia.

Io e la farfalla

Io e la farfalla
che danza colorata
accanto a me,
viviamo lo stesso istante,
lo stesso sole
ci scalda
ed uguale è per noi
la luce dell'estate.
Perchè dovrebbe essere
più meritevole
la mia vita
della sua?
Creature della terra,
con gli stessi diritti
e la stessa fine mortale,
entrambe domani dimenticate,
godiamo dell'attimo,
che è perfezione ed incanto,
felici soltanto
di quello che ci è dato.

È tempo

Ascolta.
Non fingerti sordo.
Non girare la testa.
La mia è la voce
di tutte le donne,
quelle derise, disprezzate,
violentate, uccise.
Mie sono le parole
di chi non ha potuto parlare,
di chi ha i diritti negati.
Io sono la donna offesa,
quella che deve tacere,
che deve subire.
È tempo,
io rivendico la possibilità
di essere me stessa,
di poter scegliere
e di essere libera.

Trasformazione

Nel vento le parole,
nel fiume che scorre,
nella nebbia che scompare,
tutto si perde.
Illusione ogni promessa,
fuggita lontano,
come polline.
Muta il tempo
ad ogni stagione
e io sono diversa
ciascun giorno
che passa.
L'eternità
non è per l'uomo
e la trasformazione
è la sorte
di ogni essenza.

A Monza

Città nata da un sogno
mi hai visto bambina
ammirare
le bianche guglie
del duomo
come vette domestiche.
Ho camminato
su i tuoi ponti
con il miraggio
di altre acque,
più limpide e generose.
Nel verde
del tuo parco
si sono cullati
i miei sogni,
alla ricerca di futuro.
Desiderosa di vita
ti ho dimenticato
nel turbinio del mondo
però a te sono tornata
con la nostalgia di casa.
Città laboriosa,
cambiata nel tempo
che tutto stravolge
ma uguale
nel ricamo di marmo
del Duomo,
nella severità dell'Arengario,
nella regalità della Villa
a te, Monza,
dedico il mio canto.

Tramonto egiziano

Nel tramonto egiziano
si mescolano
il miele del cielo
con il richiamo alla preghiera.
Dietro alle finestre
ombre di donne velate.
Pigro scorre il Nilo
lontano, nella spianata di Giza,
riposa la storia.
Lento s'invola il giorno
con il battito d'ali
dei colombi.
Fascino d'oriente,
come incenso
stordisci i miei pensieri.

Essere

Essere terra
essere cielo
essere niente
essere tutto
ombra
luce
fragile
vigorosa
umana
infinita

Ringraziamenti

Alle mie amiche che mi hanno spronato a partecipare a concorsi di poesie.

All'associazione "Specchio dell'Arte" che promuove la voce dei poeti e degli scrittori.

Alle Edizioni WE per aver pubblicato questo libro.

NOTE SULL'AUTORE

Paola Fossati nasce a Monza nel 1953.

Bambina solitaria trova nella lettura una grande compagnia, inventando storie fantastiche in cui essere protagonista.

La sua voglia di viaggiare le farà frequentare una scuola per assistenti turistiche che le faranno allargare, con vari viaggi, i suoi orizzonti.

Con il matrimonio soggiornerà per 10 anni in Africa, Medio ed Estremo Oriente vivendo esperienze interessanti.

Rientrata in Italia si occuperà, nel terzo settore, di assisteza ad anziani e disabili.

Ora in pensione ha più tempo per sè e ha deciso di togliere dal cassetto i suoi scritti e di condividerli.

INDICE

GIROTONDO DI PAROLE
di Paola Fossati